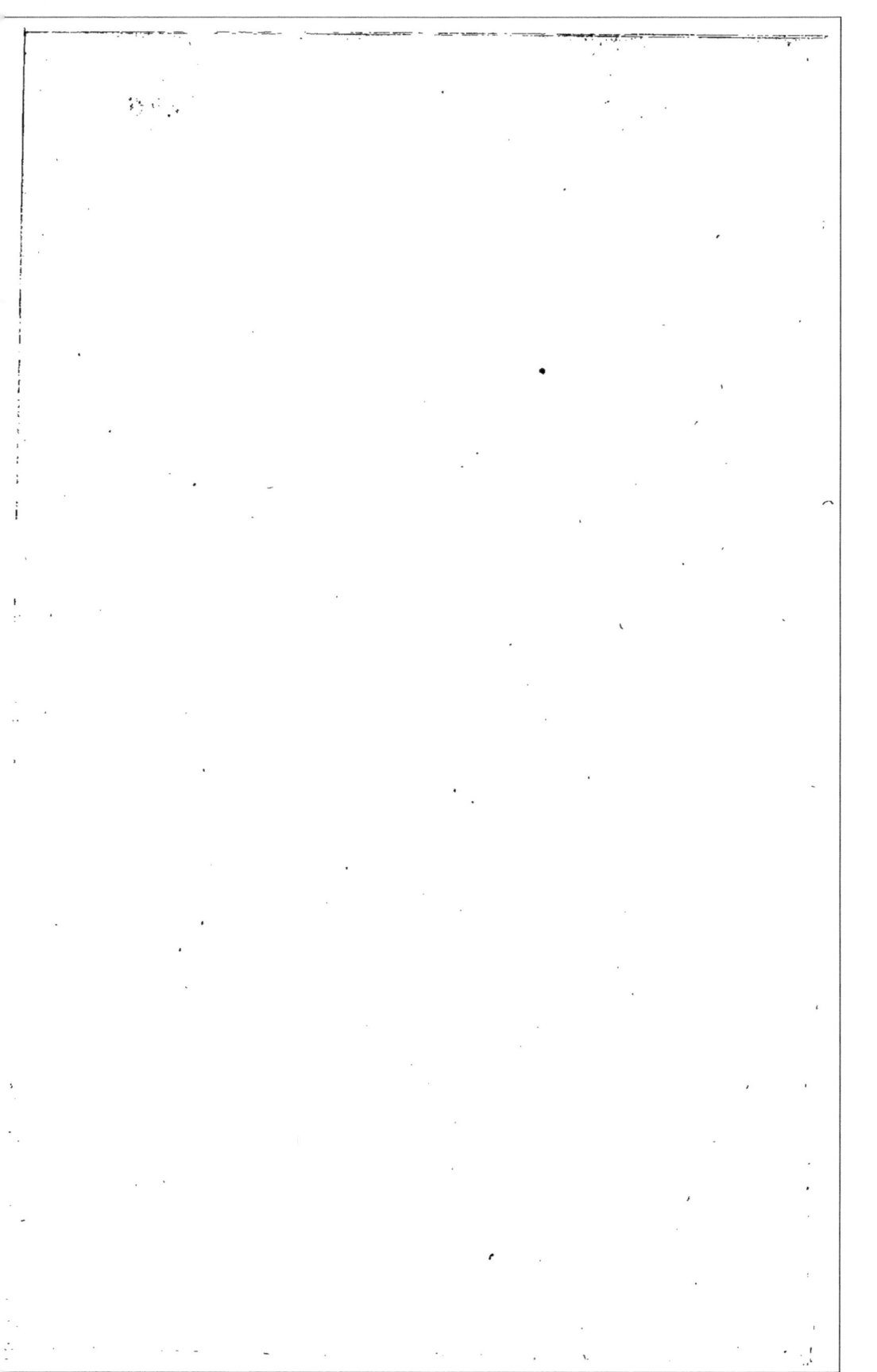

Lk 1106

NOTICE

SUR LA

CHAPELLE DE N.-D. DE BON-SECOURS

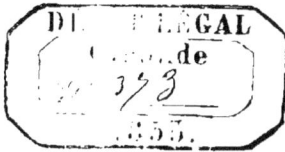

NOTICE

HISTORIQUE ET DESCRIPTIVE

DE LA CHAPELLE

DE

N.-D. DE BON-SECOURS

PAR

AUGUSTE GEOFFROY

BORDEAUX
IMPRIMERIE DE MADAME VEUVE CRUGY
16, RUE SAINT-SIMÉON
1855

DÉDICACE.

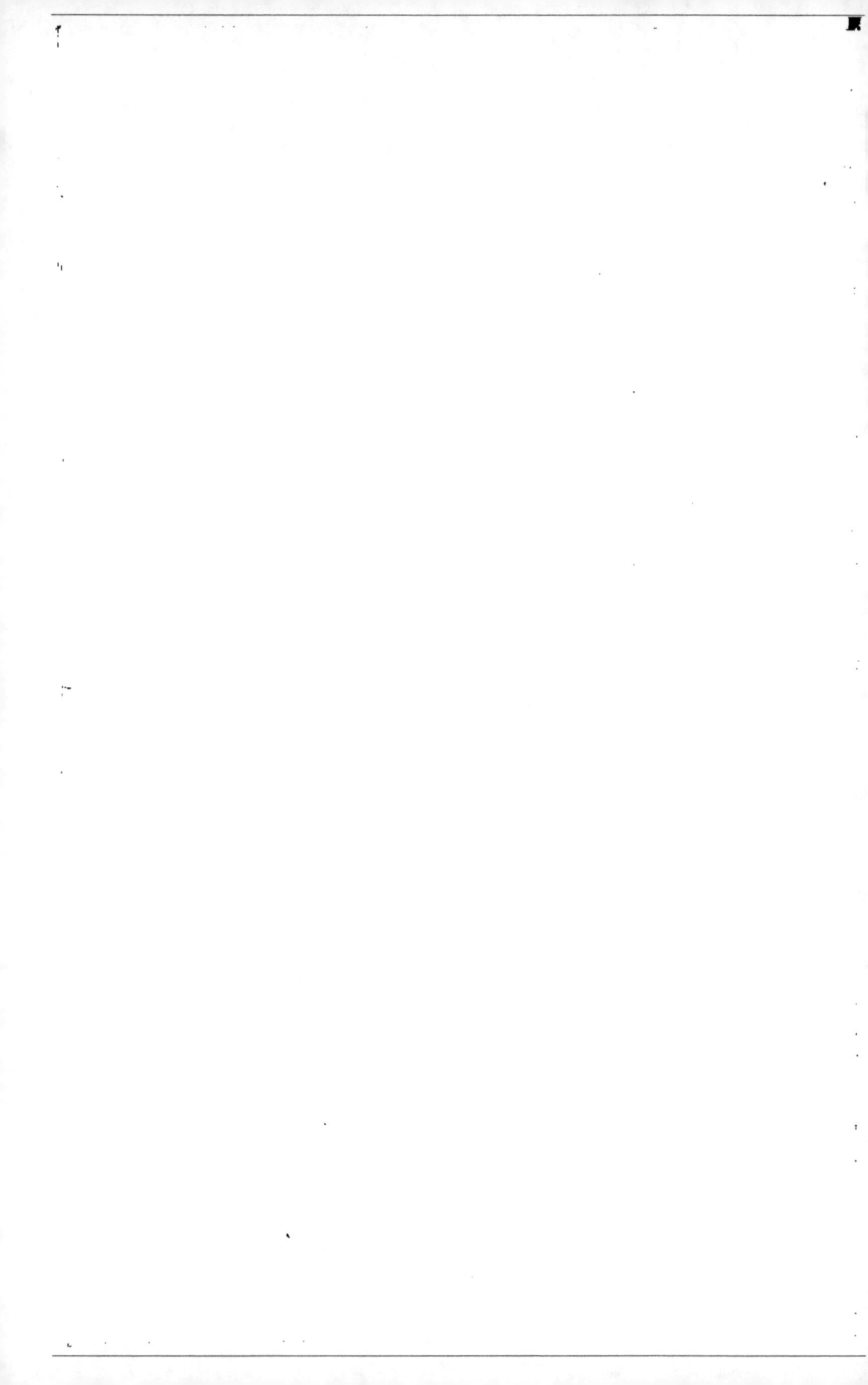

A M. l'Abbé Cl. Ramel,

Ex-Supérieur de la Maison des RR. PP. Missionnaires
à Bordeaux.

MONSIEUR ET AMI,

Je vous offre ces pages imparfaites et fugitives
où j'ai essayé de décrire la Chapelle de N.-D. de
Bon-Secours avec ses richesses artistiques et ses
mystiques splendeurs. Veuillez les accueillir avec
votre bienveillance accoutumée et comme un faible
témoignage des sentiments affectueux que je vous
ai voués.

Votre ami,

Aug^te GEOFFROY.

INTRODUCTION.

La France, pendant trop longtemps, n'a montré que de l'indifférence pour les monuments que nous a légués le génie du moyen-âge. Nous devons même avouer, à notre honte, qu'il fut une époque où l'impiété, l'ignorance et la cupidité semblaient travailler de concert à avilir, à détruire ce que, dans notre orgueil, nous appelions les

productions des siècles d'ignorance et de
barbarie. C'étaient pourtant des épopées en
pierres que le peuple, que des confréries
populaires avaient conçues et achevées, non
pas seulement avec leurs bras, mais avec le
génie que leur avait donné leur foi. Des
voix éparses avaient souvent, il est vrai,
fait entendre des plaintes éloquentes contre
ce nouveau vandalisme ; mais, faibles et
impuissantes, elles avaient été étouffées
sous le retentissement du marteau démolis-
seur, et n'avaient même pu arrêter le pin-
ceau d'un ignare badigeonneur.

Cependant, le jour d'une tardive et juste
réhabilitation était arrivé. On allait, enfin,
rendre à ces grands artistes du moyen-âge,
jusqu'alors si dédaignés, la justice qu'on leur
avait trop longtemps refusée, et que leur

méritaient tous ces admirables chefs-d'œuvre
dout ils avaient, pour ainsi dire, couvert
notre sol. En 1823, il y a de cela aujour-
d'hui trente ans, une société scientifique se
forma en Normandie. Opposer une digue au
torrent qui menaçait de tout emporter, fut
le programme, le but heureusement atteint
de cette société, véritable fondatrice, en
France, de l'archéologie. Les entraves que
suscite toujours une idée nouvelle appelée
à un grand succès ne manquèrent pas aux
débuts de la *Société des Antiquaires de Normandie;* mais non seulement elle triompha
de tous les obstacles par son intelligence et
son courage, elle trouva encore de nom-
breux imitateurs.

En effet, depuis lors, dans chaque pro-
vince, dans chaque ville un peu importante,

des sociétés analogues se sont organisées.
Partout où il y avait un vieux monument
encore debout, on a voulu en connaître
l'histoire et le conserver. On a interrogé les
vieilles traditions avec avidité ; on a fouillé
les vieilles chartes , les vieux cartulaires
avec la patience qui fait les érudits, et chaque nouvelle découverte est venue augmen-
ter l'ardeur de ces nouveaux Croisés mar-
chant laborieusement à la conquête paci-
fique du passé. Alors, aussi, nous avons vu
se multiplier les monographies, et , aujour-
d'hui , il n'est peut-être pas un monument
un peu remarquable qui n'ait la sienne.
Toutes ces publications, plus ou moins savamment élaborées , ne présentent pas le
même degré d'intérêt. Il en est de vérita-
blement monumentales , destinées à émou-
voir le monde intelligent , et il en est aussi

qui ne franchiront peut-être jamais les li-
mites de l'étroite enceinte où elles sont nées.
Cependant, la plus infime aura, sans doute,
encore son utilité. Un jour, peut-être, un
homme au génie puissant entreprendra le
dépouillement de ce vaste amas de maté-
riaux, et composera une histoire générale
de nos monuments religieux, œuvre immense, et qui sera aussi l'histoire du génie
pieux de la France depuis Philippe-Auguste
et Sᵗ Louis jusqu'à François Iᵉʳ et Henri IV,
c'est-à-dire, pendant un espace d'environ
cinq cents ans.

Notre époque semble donc être destinée
à venger de l'injuste dédain dont on les avait
poursuivis les artistes du moyen-âge. Aujourd'hui, nous ne nous contentons pas d'é-
tudier leurs œuvres, de les décrire longue-

ment, de les recomposer par la pensée ;
nous les copions comme des modèles su-
blimes, ne pouvant rien créer qui puisse les
égaler en harmonie, en magnificence ; et
cet hommage que nous rendons à l'architecture du moyen-âge se produit dans toutes les circonstances.

De brillants esprits, des artistes même du
premier mérite, qui ont contribué à révéler
les merveilles de l'architecture ogivale, blâ-
ment la tendance que nous avons à imiter
les monuments religieux de cette époque. Il
en est qui jugeraient l'élan de cet art vers
le ciel trop hardi, trop violent, son ascé-
tisme trop fort. D'autres, par amour pour
l'art, voudraient voir créer un style qui as-
signât à notre époque une place mémorable
aux yeux des générations futures. Malheu-

reusement, il n'est pas facile d'inventer dans
une science parvenue à un degré aussi sublime. Quand on abandonna le type qui a
rendu le xiiie siècle si illustre, on voulut
faire du nouveau : ce fut l'origine de ce style
si improprement appelé de la Renaissance;
style sans caractère, surtout sous le rapport
religieux. Ce qui fera à jamais la gloire des
types des xiiie et xive siècles, c'est le sentiment religieux, le vrai spiritualisme qui y
éclatent de toutes parts. Nous sommes en-
traînés vers cette imitation par le besoin
que nous avons de prier dans des temples
où tout nous parle à la fois de Dieu, de la
cour céleste et des grands mystères de notre
sainte religion; et quel style réunit ces qua-
lités mieux que celui qui a servi à édifier les
cathédrales de Paris, d'Amiens, de Reims,
de Chartres, de Bourges, de Cologne, et tant

2

d'autres! C'est ce sentiment, ce besoin qui
pousse nos artistes, non pas à copier servi-
lement, mais à faire revivre, à ressusciter,
en quelque sorte, l'architecture du moyen-
âge. Ils cèdent à la pression du mouvement
général ; et, puisque, abandonnant un scep-
ticisme froid, une philosophie impie, les
esprits semblent revenir aux saintes croyan-
ces, les architectes chargés des construc-
tions religieuses s'inspirent, comme malgré
eux, de ces admirables prototypes. Là,
tous les symboles de notre foi se trouvent
répandus partout, depuis les dalles du pavé
jusqu'à l'intrados des voûtes. C'est à ce sentiment, à ce besoin, qu'est dû le style ar-
chitectonique adopté pour la reconstruction
de la chapelle de N.-D. de Bon-Secours.

Quand nous avons voulu faire un édifice

grec, conçu pour être un temple dédié à la
Gloire, nous avons copié le Parthénon ; de
même, quand on voudra construire une
église, on sera forcé, jusqu'à ce qu'on trouve
mieux, à imiter une cathédrale du moyen-
âge, qui, en architecture religieuse, est
l'expression la plus élevée où l'art soit encore parvenu.

CHAPITRE I.

CHAPITRE Ier.

La Chapelle de Notre-Dame de Bon-Secours. (1)
Ce qu'elle était.

Dans une rue plus que modeste, tortueuse,
étroite, mal pavée, sale ; dans une de ces rues
comme nos bons aïeux avaient l'habitude de les
faire, eux qui pouvaient se passer de rues larges
et alignées, n'étant pas sans cesse exposés,
comme nous, à être broyés sous les roues des

(1) La chapelle de N.-D. de Bon-Secours a été connue pendant
longtemps sous le nom de *chapelle Margaux*, du nom de la rue où
elle est située.

voitures, eux qui n'éprouvaient pas cette fébrile
activité dont nous sommes dévorés et qui ré-
clame de vastes espaces pour se mouvoir ; dans
une de ces rues, enfin, d'où on a quelque peine
à se tirer quand on s'y engage par un temps de
brume ou de pluie, on était surpris, jadis, les
dimanches et jours de fête, à certaines heures,
de voir un grand nombre de personnes de toutes
les classes de la société y entrer ou en sortir en
quelque sorte processionnellement. Où allait-on ?
d'où venait-on ? Une solution claire, une réponse
satisfaisante ne s'offraient pas de suite à votre
esprit pour dissiper votre étonnement. La curio-
sité ainsi aiguillonnée, — et ce n'est pas un crime
d'être un peu curieux, — suiviez-vous cette
foule, ce beau monde? vous l'aperceviez s'en-
gouffrer, à peu près vers le milieu de la rue,
dans une ouverture basse, servant d'entrée à un
vestibule profond et obscur. Leviez-vous les
yeux pour chercher dans un signe quelconque

l'explication de cette affluence, de cet empres-
sement ? vous découvriez une maison enfumée,
décrépite ; les boiseries tombaient de vétusté, et
la façade, sillonnée de lézardes nombreuses,
semblait menacer de s'écrouler. L'aspect si pau-
vre de cette sorte de masure obscurcissait plus
encore le sens de l'énigme que vous cherchiez à
deviner. Vous pénétriez à votre tour dans l'étroit
passage, et vous étiez frappé du silence qui ré-
gnait dans cette foule, du pieux recueillement
peint sur toutes ces physionomies. Le mystère
allait vous être entièrement révélé. Une porte
s'ouvrait, et vous entriez dans une petite chapelle, bien simple sans doute, mais où tout annonçait que la piété l'avait choisie pour un de ses
séjours de prédilection. La modeste chapelle
ressemblait donc à ces fleurs qui, enfouies sous
un épais feuillage, décèlent leur existence par
le parfum qu'elles exhalent.

La chapelle de la rue Margaux n'était pas très-

ancienne, et bon nombre de ceux qui la fréquen-
taient l'avaient vu édifier ; elle était l'œuvre de
M. l'abbé Morel, ce vertueux prêtre dont la vie
entière s'est passée dans un ardent et pieux
apostolat. M. l'abbé Morel, vicaire-général et
chanoine titulaire de l'église métropolitaine, mou-
rut le 14 mars 1849. On peut le dire sans crainte
de trouver un seul contradicteur, le clergé de
notre ville perdit en lui un de ses modèles, et
l'humanité un homme de bien. Le lendemain de
son décès, un journal de notre ville paya un juste
tribut de vénération et de regret à la mémoire
de ce digne ministre de Dieu, de cet homme
dont l'âme avait été si pleine de foi, la longue
carrière si agitée, et dont les derniers moments
furent si calmes et si pleins d'une confiante résignation ; mais nous croyons pourtant pouvoir
faire ici la remarque que, dans l'article nécro-
logique consacré à sa mémoire, on ne fit pas
mention de la chapelle de la rue Margaux et du

titre que sa fondation donnait à M. l'abbé Morel
à la reconnaissance des fidèles ses concitoyens.

Répandre les vertus chrétiennes, les faire ché-
rir par la satisfaction intime et le bonheur qu'elles procurent, fut toujours la pensée, le but
constant des travaux de M. l'abbé Morel. A sa
parole douce et persuasive, une petite congrégation d'hommes s'était formée pendant la mission
qui fut prêchée en 1817 par une réunion de
missionnaires éminents, sous la direction du
R. P. Rauzan. Cette assemblée de personnes
pieuses qui s'occupaient exclusivement de bonnes
œuvres se réunissait dans un local que M. l'abbé
Morel avait acheté dans la rue Margaux. Alors,
par une inspiration comme Dieu en donne à ses
élus, M. l'abbé Morel, malgré l'exiguité de ses
ressources, voulut transformer ce local en chapelle, afin de le vouer pour toujours au culte du
Créateur, Maître de l'univers. L'entreprise était
difficile, le succès ne l'était pas moins; mais,

grâce à l'assistance de la Vierge Marie, qui, en
cette circonstance, le combla d'une faveur visi-
ble, son zèle infatigable aplanit toutes les diffi-
cultés, triompha de tous les obstacles. La chapelle fut heureusement terminée; il la dédia
spontanément à la gloire de N.-D. de Bon-
Secours, et il eut l'ineffable joie de la faire bénir
solennellement le.......... [1]

Dans le même temps où une congrégation
d'hommes se formait par les soins de M. Morel,
il s'en créait une de dames qui prenait le nom de
Congrégation des Dames de la Mission, et qui fit
aussi ses réunions dans la chapelle de N.-D. de
Bon-Secours. Celle des hommes, n'ayant pas ré-
paré par de nouveaux adeptes les ravages que
le temps faisait dans ses rangs, est réduite aujourd'hui à trois de ses honorables membres.

---

[1] Il ne nous a pas été possible d'arriver à connaître la date
précise de cette cérémonie; les recherches que nous avons faites
à ce sujet sont demeurées infructueuses.

Mais celle des dames s'est perpétuée ; elle poursuit avec ferveur le but charitable qui présida à son institution, et c'est toujours dans la chapelle N.-D. de Bon-Secours qu'elle se réunit pour prier en commun et célébrer la fête de N.-D. de Bon-Secours, sa patrone, qui a lieu le 24 du mois de mai.

Dieu réservait à la modeste chapelle une faveur insigne et qui devait lui constituer un titre de gloire impérissable. C'est dans son enceinte qu'eurent lieu les premières réunions des adhérents à la Société de la Propagation de la Foi. Le développement immense et providentiellement rapide qu'a acquis cette institution a rendu depuis longtemps les réunions générales impossibles ; mais c'est toujours dans la chapelle de N.-D. de Bon-Secours que la puissante et immortelle Société célèbre ses fêtes, qui ont lieu le 3 mai, jour de l'Invention de la Sainte-Croix, et le 3 décembre, fête de S¹ François-Xavier, son patron.

Tout change, tout se renouvelle ici-bas : c'est
la loi éternelle, et les habitations des hommes
n'en sont point exemptes.

Les changements de destination de nos mai-
sons, dus au hasard le plus souvent, au caprice
quelquefois, et quelquefois aussi à des recon-
structions nécessaires, doivent présenter, parfois,
d'étranges bizarreries. Dans notre siècle si obser-
vateur, il est étonnant que ce sujet d'études, si
fécond en scènes curieuses, émouvantes et plei-
nes d'intérêt, n'ait pas encore séduit quelques-
uns de ces chroniqueurs aussi intrépides que
prompts à saisir les occasions où ils peuvent satisfaire leur goût favori et exercer leur talent de
conteurs. Quelle mine inépuisable à exploiter!
Tous ces faits mémorables, toutes ces grandes et
nobles actions que nous admirons dans les anna-
les des siècles passés, ont eu pour théâtre ces
mêmes cités ; ces mêmes lieux, ce même sol qui
changent, à chaque génération, d'acteurs et de

mise en scène. Or, les pierres durent longtemps,
et, tant qu'elles sont, elles conservent le souvenir des faits qu'elles ont voilés, ou dont elles ont
été les témoins silencieux. Quant au sujet qui
nous occupe, nous laissons à l'érudit qui voudra
l'entreprendre le soin de rechercher si, en deve-
nant un temple catholique, la transformation que
subit le local où est située la chapelle de N.-D.
de Bon-Secours ne fut point une réparation, et
si, dans l'accomplissement de cette œuvre, la
main de M. l'abbé Morel ne fut pas guidée par la
Providence. Peut-être, en permettant qu'il de-
vînt un lieu consacré à son culte, le Seigneur
a-t-il voulu que, d'une enceinte où naguère
avaient retenti les accents les plus profanes, les
plus impies, les échos n'eussent plus à répéter
que des paroles de paix, de charité et de misé-
ricorde.

Quelque courte qu'elle soit, cette digression
nous a un peu écarté de la chapelle Margaux :

hâtons-nous d'y revenir. Si , jusqu'ici , sa courte
existence ne nous présente aucun épisode à
grandes émotions , nous y trouverons du moins
un refuge tutélaire contre les orages de la vie et
le pieux abri que l'Église déploie toujours pour
tous ses enfants.

Le vénérable abbé M. Morel était plus que
fondateur de la chapelle Margaux dont, obscur
chroniqueur, nous avons entrepris d'esquisser la
courte histoire : il en était aussi le légitime pro-
priétaire. De son vivant, il en avait déjà laissé la
jouissance et l'usage, et enfin, à sa mort, il la lé-
gua aux RR. PP. de la Compagnie de Jésus, qui
possédaient dans la rue Margaux une maison à
laquelle la chapelle était adossée ou contiguë.

L'œuvre de M. l'abbé Morel n'a point échappé
à la loi régénératrice dont nous avons parlé plus
haut. A son tour, la chapelle de N.-D. de Bon-
Secours a reçu, quant à l'édifice, de si profon-
des, nous pouvons dire de si complètes et radi-

cales modifications, que son vénérable fondateur chercherait vainement à la reconnaître : il
ne reste ni traces, ni vestiges de ce qu'elle fut à
son origine, et la tradition pourra seule en per-
pétuer le souvenir. Disons maintenant ce que les
RR. PP. en ont fait.

CHAPITRE II.

CHAPITRE II.

La Chapelle de Notre-Dame de Bon-Secours.
Ce qu'elle est.

A la place de la chapelle modeste et cachée,
s'élève aujourd'hui une petite église aux formes
austères et élégantes, aux lignes pures et har-
monieuses, où l'art a prodigué ses plus mystiques
conceptions. La façade, en architecture ogivale,
se dresse et s'étale sur la rue. D'un caractère à
la fois aérien, sévère et solennel, elle vous rap-
pelle tout d'abord le xive siècle, ce temps où
la foi chrétienne sut imprimer à l'art la pensée

sublime qui éclate dans les monuments catholiques
de cette époque. Jadis, rien, dans la rue Margaux,
n'annonçait qu'il y existât une chapelle. La façade
actuelle apprend au passant qu'elle sert, là, de
propylée à un temple du Seigneur, et, désormais,
humbles et orgueilleux doivent s'incliner devant
la statue de la Reine des cieux placée au-dessus
de la porte, attendant la prière pour la déposer
aux pieds de son divin Fils qu'Elle tient dans ses
bras.

Quand on franchit le seuil de cette façade si
simple, si noble, espèce de préface à l'hiérologie
monumentale qu'elle voile, le recueillement
involontaire qu'inspire le saint lieu est augmenté
par le besoin que l'on éprouve de bien se rendre
compte des délicieuses sensations dont on est
assailli. Est-ce un rêve ? n'est-on pas le jouet
d'une illusion ? Oh ! non ; vous êtes au sein d'une
merveilleuse réalité, et alors une douce émotion
s'empare de vous, un long et profond tressaille-

ment d'allégresse vous saisit. On contemple, on
admire, on est heureux ; et l'aspect de cette
reproduction, en miniature, des vastes et magnifiques cathédrales qu'éleva la pensée religieuse
au moyen-âge, comble et dépasse l'espoir que
la façade avait fait naître.

En effet, c'est d'abord le plan de la basilique
latine avec sa forme saintement symbolique.
C'est une voûte hardie, voile que l'on dirait
soulevé par la seule dilatation de l'air, tant sont
légères les colonnes qui la supportent, tant sont
fines et délicates les nervures qui la soutiennent
en la coupant symétriquement. C'est une nef
principale avec ses bas-côtés et un transept ha-
bilement ménagé. Ce sont des lancettes géminées
tréflées à leur sommet, et la forme ogivale em-
ployée pour toutes les ouvertures, fenêtres,
portes, couloirs, etc., etc., etc. A l'extrémité,
une abside polygonale de la forme la plus pure,
et dont les parois et les colonnes, la voûte et

les nervures disparaissent sous l'or et les plus
riches couleurs, et qui reçoit de ces peintures
une majesté mystérieuse. Puis des illusions de
perspective qui agrandissent l'étendue de l'é-
glise; enfin une harmonie parfaite dans toutes
les parties de cette construction : rien n'y man-
que. Voilà pour l'ensemble.

Les détails ne sont pas moins précieux; un coup
d'œil rapide en révèle le mérite et la parfaite
concordance. Les petites colonnettes aériennes,
seules ou çà et là pittoresquement réunies en
faisceaux, et les tores de l'archivolte des ogives,
sont admirables de grâce et d'élégance. Les balustrades du *triforium* ou des tribunes sont de
véritables dentelles ou des broderies à jour enri-
chies de festons capricieux. La frise qui règne
au-dessous de ces balustrades est décorée d'un
ornement composé mi-partie d'un feuillage ciselé
et fouillé avec une habileté, et de petites volutes
exécutées avec une délicatesse, qui feraient

croire que sous la main du sculpteur la pierre s'est changée en cire ductile et maléable à volonté.

Dans une construction où les règles rudimentaires de l'art au xive siècle ont été observées, où l'on a fait revivre la poétique qu'exhale l'ensemble d'une église de cette époque, et où l'on a reproduit tout le religieux symbolisme des cathédrales du moyen-âge, on ne devait pas omettre l'emploi des vitraux en couleur, ces éléments de l'architecture gothique et qui en sont inséparables. La chapelle de N.-D. de Bon-Secours a donc des vitraux coloriés. Il ne faut pourtant pas y chercher ces splendides imageries contenant des légendes détaillées de prophètes, d'apôtres ou de quelques saints, comme on en voit à Chartres, à Bourges et ailleurs ; les baies des fenêtres, dans un juste rapport avec l'étendue de l'édifice, ne le permettaient pas. Dans l'abside percée de cinq fenêtres, quatre vitraux représentent des saints de grandeur naturelle.

D'un côté du maître-autel, nous voyons St Louis de Gonzague, avec deux médaillons représentant en figurines, l'un St Stanislas de Kostka, et l'autre St Alphonse Rodriguez. Vient ensuite St Ignace, avec St François de Borgia et St François de Jérôme. De l'autre côté, St François Xavier, avec St Paul de Miki et St Jean de Gotto dans les médaillons. Plus loin, St François Régis, avec St Jacques Kisait et le bienheureux Pierre Claver. La cinquième fenêtre est occupée par une niche profonde dont le fond est éclairé par un vitrail bleu céleste semé d'étoiles d'argent. Une belle statue de la Très-Sainte Vierge est placée directement sous l'arcature de l'ogive. Debout sur un socle qui lui sert de trône, la divine Vierge tenant l'Enfant Jésus dans ses bras, et ayant deux anges à ses côtés, se détache sur l'azur du vitrail. Cette disposition est merveilleuse; l'effet qu'elle produit est prestigieux : on dirait, par l'ombre que projette le renfoncement de la fenêtre, que les cieux s'entr'ouvrent respectueusement pour laisser voir leur glorieuse Souveraine entourée d'une partie de la cour céleste. Les vitraux de la nef, seulement décoratifs, offrent à la vue un mélange infini de riches arabesques et des fleurs de toutes sortes. Enfin, dans le mur de la façade et ceux du transept, une rose brillante, gracieuse, immense, étale ses compartiments éblouissants, et ces ornements majestueux, décoration splendide, émaillent de toutes les couleurs de l'arc-en-ciel la lumière qu'ils déversent dans l'église. Tous ces vitraux et ceux bien plus considérables de l'abside sont dus au talent de M. Emile Thibault, de Clermont. Les uns et les autres sont exécutés avec une grandeur de style, une habileté, une perfection telles, qu'en les examinant avec attention on se croirait ramené au temps où l'art du peintre verrier florissait avec le plus d'éclat.

AUTELS.

Le maître-autel est remarquable par sa noble simplicité. Il est en marbre blanc. Sur le devant, trois médaillons représentent en bas-relief la Naissance, le Sacrifice du Golgotha, et l'Ensevelissement de N.-S. Dans le premier, les figures de la Très-Sainte Vierge et de St Joseph reflètent la plus naïve et la plus douce satisfaction. Dans le second, la figure de N.-S. sur la croix est empreinte de cette résignation sublime dont fit preuve le Sauveur des hommes en accomplissant le dernier acte de sa mission de dévoûment et d'amour. Dans le troisième, la Vierge tient sur ses genoux le corps de son divin Fils : l'attitude de la Vierge-Mère exprime avec une poignante énergie la douleur et les angoisses déchirantes qu'elle dut éprouver à ce moment suprême en contemplant les restes de son divin Fils. Ces trois médaillons sont exécutés avec un talent vrai, l'inspiration que donne la foi, et un rare bonheur.

Le tabernacle est un petit édicule richement doré, en forme d'octogone, dont trois pans seulement sont en évidence. Chacun de ces pans figure l'arcature d'une ogive élancée, encadrée dans deux petites colonnettes, et chaque ogive est surmontée d'un fronton aigu orné de fleurons et enrichi de délicats et brillants émaux. Sur la porte du tabernacle, au milieu de rinceaux et d'arabesques gracieux, on distingue les emblèmes sous lesquels les artistes chrétiens ont, de tout temps, représenté la Sainte-Trinité : d'abord, en haut, une main ouverte, symbole de la toute-puissance de Dieu le Père ; au-dessous, le Saint-Esprit sous la forme d'une colombe aux ailes déployées ; et, plus bas, N.-S., sous la figure de l'Agneau, victime dévouée dont le sacrifice ne

doit cesser de s'accomplir ici-bas qu'à la fin de
toutes choses.

Deux autels, en face l'un de l'autre, occupent,
chacun, une des extrémités du transept. Celui de
droite, dédié au Sacré-Cœur de Jésus, est appuyé
à un retable en pierre, d'un travail très-remarqua-
ble. Une suite de dais à jour de diverses grandeurs,
exécutés avec un art si merveilleux que l'on dirait, si la couleur ne trahissait la pierre, un ou-
vrage d'orfévrerie, en occupe tout le sommet.
Sous le dais du milieu, debout, enveloppé d'un
large manteau, N.-S. frappe du revers de la
main droite à une porte dont on aperçoit l'entrée
de la serrure, rappelant ainsi cette parole de
l'Évangéliste : « *Me voici à la porte, et j'y frappe.* »
(Apocalypse, ch. 3, § 3, v. 30.) Il est entouré de
huit anges portant les instruments de sa passion.
La pose de N.-S. est pleine de majesté et de mouvement, et sa figure, d'une céleste sérénité, exprime la confiance qu'il veut nous inspirer par la

voix de son Évangéliste. Sous le dais de gauche,
c'est J.-C. et la Samaritaine au puits de Jacob.
Cet épisode de la vie de N.-S. est reproduit avec
une rare perfection ; le caractère des figures est
si expressif, que l'on croit entendre la parole que
le Fils de Marie adressa à cette femme de Sama-
rie : « *Si vous connaissiez le don de Dieu, et qui*
» *est celui qui vous dit : Donnez-moi à boire...* »
Et ensuite : « *Quiconque boit de cette eau aura*
» *encore soif, au lieu que celui qui boira de l'eau*
» *que je lui donnerai, n'aura jamais soif.* »
(S¹ Jean, ch. IV, § 1, v. 10 et 13.) Sous le dais
à droite, on voit J.-C. à Emmaüs, au moment où,
« *étant à table* » avec les deux disciples aux-
quels il se montra après sa résurrection, et qui
l'entraînèrent sans le reconnaître, « *il prit le*
» *pain et le bénit. Et ils se dirent l'un à l'au-*
» *tre : Notre cœur n'était-il pas tout brûlant*
» *dans nous, lorsqu'il nous parlait durant le che-*
» *min, et qu'il nous expliquait les Écritures ?* »

(St Luc, ch. 24, § 2, v. 30-32.) Ce sujet est
traité avec le même talent que les précédents.
Les traits de N.-S. sont remplis d'une ineffable
douceur, et les disciples expriment d'une manière
profondément sentie leur étonnement contempla-
tif. Ces trois scènes évangéliques sont représen-
tées partie en haut-relief et partie en demi-
relief ; leur exécution décèle un artiste dont la
main habile, guidée par de savantes études, a été
illuminée par un rayon de foi vive et d'ardente
piété. Une suite d'arcatures ogivales surmontées
d'un fronton aigu, orné de fleurons, règne autour
de l'autel. Elles figurent de petites niches qui,
sur le devant, sont occupées alternativement par
une statuette ou garnies par une lancette gémi-
née. Les statuettes représentent, au milieu, N.-S.
tenant un calice et se disposant à donner la com-
munion ; d'un côté, St Augustin et Ste Madeleine,
et, de l'autre, St Jean et Ste Thérèse. Cette décoration est d'une merveilleuse délicatesse.

Bien que moins riche en sculpture, l'autel à gauche appelle l'attention et excite un intérêt non moins vif. Un bas-relief représentant le Sacrifice d'Abraham occupe la place du tabernacle. Le patriarche, héroïquement soumis aux ordres de Dieu, y est représenté au moment où il s'apprête à immoler son fils en lui montrant le ciel. Deux statues en haut-relief servent en quelque sorte d'encadrement au retable : c'est St Pierre et St Paul, reconnaissables, le premier, aux clés qu'il porte de la main droite, et, le second, à l'épée sur laquelle il s'appuie. L'artiste a su donner aux traits vénérables des deux princes des apôtres un caractère qui décèle la courageuse énergie et le zèle infatigable qu'ils déployèrent dans leur grande et sainte mission. Le retable contient une cavité, espèce de grande niche fermée par un vitrage, où l'on voit couché un personnage sous les traits d'un adolescent : ce sont les reliques recouvertes de cire du saint martyr

Évance qui, des catacombes de Rome, ont été
envoyées à Bordeaux.

———

Une ligne de confessionnaux en bois de chêne
garnit toute l'étendue du mur des nefs latérales.
Dans ces confessionnaux, au nombre de cinq de
chaque côté, on retrouve la pensée qui a dirigé
si savamment toute la construction de la chapelle ;
les entrées, flanquées de petites colonnettes avec
chapiteaux à feuillages variés, sont surmontées
chacune d'un fronton aigu décoré de crosses vé-
gétales, et les ornements de la porte sont formés
d'un mélange d'arabesques, de rinceaux et
d'enroulements d'une grâce et d'une délicatesse
irréprochables.

———

Tout dans cette construction est empreint d'un respectueux hommage pour les belles et pures traditions ; tout y décèle une sagacité remarquable, un goût éclairé et une profonde érudition. Quand, du milieu de l'église, on examine les diverses parties que nous venons d'esquisser brièvement et très-incomplètement, on croit être en plein xɪvᶜ siècle, époque de splendeur pour la construction des monuments religieux, époque glorieuse où, aidés par un zèle pieux, les architectes, animés d'une foi ardente, édifiaient ces magnifiques et mystérieuses cathédrales, sortes d'hymnes en pierres, qui excitent encore parmi nous, dans le cœur de nos artistes les plus habiles, une si juste et si grande admiration.

L'église de la rue Margaux n'est pas seulement une imitation heureuse de l'art chrétien au moyen-âge. Comme les cathédrales de Chartres,

et de Paris, qui eurent pour architectes, la pre-
mière St Fulbert, la seconde Maurice de Sully,
l'un évêque de Chartres et l'autre évêque de
Paris, elle aura cette similitude avec ces monuments célèbres, qu'elle a été construite sous la
direction éclairée et savante du Supérieur des
RR. PP. de la Compagnie de Jésus à Bordeaux.
Aucun détail n'a été négligé, aucun accessoire
n'a été oublié; le R. P. Ramel a présidé à tout;
et, grâce aux talents et au zèle de MM. Périé
frères, architectes et entrepreneurs qui l'ont ad-
mirablement secondé, Bordeaux possède un
édifice de plus qui glorifie notre temps.

On s'étonnera peut-être que jusqu'à présent
nous n'ayons rien dit des faces latérales : hélas !
il n'en existe pas. L'extérieur de l'église se com-
pose seulement de la façade, soumise, comme la
façade d'une maison, à l'alignement futur de la
rue. Point de contre-forts ni de ces arcs-boutants
si audacieusement aériens destinés à contenir la

poussée de la voûte et à lui servir d'étais. Point
de clochetons, ni pinacles, ni aiguilles, ces ornements si gracieux, si élégants, qui donnent une
apparence de si grande légèreté à l'édifice.
Point de gargouilles, ces démons grimaçants
accrochés aux murs de l'édifice, monstres fan-
tastiques aux formes variées, bizarres, capri-
cieuses, que l'architecte du moyen-âge utilisait
en les faisant servir à rejeter au loin les eaux
de la pluie, et qui, plantés autour de l'église
gothique, lui donnent un aspect si pittoresque.
L'emplacement très-resserré de la nouvelle église
n'a pas permis d'avoir recours à ces richesses
architecturales, ornementation symbolique, et
qui eussent servi de complément aux beautés
dont l'intérieur scintille. Nous n'exerçons pas
une critique : nous exprimons un regret.

La chapelle de M. l'abbé Morel était adossée à
l'Archevêché. Grâce à l'heureux privilége de
cette situation, il avait été possible d'y établir

une communication intérieure avec le palais ar-
chiépiscopal, et S. Ém. Mgr le cardinal de Che-
verus, qui affectionnait particulièrement le modeste sanctuaire qu'il avait ainsi presque dans sa
demeure, le visitait souvent. Or, dans la recou-
struction qui vient d'avoir lieu, cette communication si précieuse a été conservée : N.-D. de
Bon-Secours reste donc ce qu'elle était, la chapelle publique de Mgr, et, comme son illustre pré-
décesseur, S. Ém. peut à tout instant s'y rendre
de son palais, sans passer par les rues qui y
conduisent.

Depuis le jour où l'auguste cérémonie de la
bénédiction en fit un temple catholique, un lieu
de sanctification désormais consacré à la prière,
la chapelle de N.-D. de Bon-Secours a toujours
été desservie par les RR. PP. Missionnaires;
depuis ce jour, le service divin y a été réguliè-
rement célébré chaque jour, même pendant la
reconstruction, sans aucune interruption. Depuis

ce jour aussi, disons-le pour rendre hommage à une éclatante et pieuse vérité, la bienheureuse chapelle n'a pas cessé d'être l'objet d'une prédilection marquée et toujours croissante de la part de la population qui habite le quartier où elle est située. C'est ainsi que l'œuvre du vénérable abbé M. Morel n'a plus suffi à la dévotion qu'inspire N.-D. de Bon-Secours, et que, pour satisfaire aux besoins religieux des fidèles, il a fallu l'agrandir ; mais, en l'agrandissant, les RR. PP. ont édifié un temple plus noble et plus digne de la gloire de Dieu, et ils ont fait la petite église saintement précieuse que nous admirons.

FIN.